YOUR KNOWLEDGE HAS VALUE

- We will publish your bachelor's and master's thesis, essays and papers

- Your own eBook and book - sold worldwide in all relevant shops

- Earn money with each sale

Upload your text at www.GRIN.com and publish for free

Stanko Radmilovic

Ko je presudno uticao na prvo, boljševičko zastranjivan-je od racionalne tržišne solucije.

GRIN Verlag

Bibliografische Information der Deutschen Nationalbibliothek:

Die Deutsche Bibliothek verzeichnet diese Publikation in der Deutschen National-
bibliografie; detaillierte bibliografische Daten sind im Internet über http://dnb.d-
nb.de/ abrufbar.

Imprint:

Copyright © 2014 GRIN Verlag GmbH
Druck und Bindung: Books on Demand GmbH, Norderstedt Germany
ISBN: 978-3-656-60846-2

This book at GRIN:

http://www.grin.com/en/e-book/269648/ko-je-presudno-uticao-na-prvo-boljsevicko-
zastranjivanje-od-racionalne

Prof. dr Stanko Radmilović

Ko je presudno uticao na prvo, boljševičko zastranjivanje od racionalne tržišne solucije

Ako ostavimo po strani doktrinu tržišnog fundamentalizma kao zastranjivanje, koje je sticajem okolnosti postalo dominantno, pema teorijskim i empirijskim saznanjima tržišni sistem ni danas nema valjanu alternativu, kao ni u vreme kada su o njemu ocenu izrekle dve više nego poznate ekonomske ličnosti. Tržišni sistem, rekla je, Joan Robinson, koja je, inače, daleko od toga da može biti proglašena apologetom kapitalizma i idolopoklonikom tržišnog sistema, "najbolji bunar iz kojega danas možemo zahvatiti vodu." Ili, kao što je svojevremeno rekao najpoznatiji istoričar i analitičar razvoja ekonomske misli Jospeh A. Schumpeter: *"(Tržišni) sistem je surov, nepravedan, nemiran, ali vrši posao a, dođavola, to se od njega traži."*

Ako je to tako, onda je jasno da je nasilni pokušaj "izgrađivanja socijalizma" (naravno netržišnog) bio velika greška. Postavlja se pitanje: čija? Marksova, zato što je direktno uticao da se ta revolucionarna avantura dogodi? Ili je njegova greška indirektna i sastoji se "samo" u tome što je snažno inspirisao kasnije revolucionare? Ili je odgovoran Lenjin kao i drugi revolucionarni socijalisti zato što su, suprotno Marksovim gledištima, na pogrešnom mestu, na pogrešan način i u pogrešno vreme izvršili avanturistički revolucionarni prevrat, Oktobarsku revoluciju u Rusiji?

Da bismo formirali pravilan odgovor na ovo pitanje, biće korisno da uzmemo u obzir i sledeći tekst Strašimira Popovića, jednog od prvih jugoslovenskih ekonomista koji je počeo da sumnja da površinske reforme, koje se ne upuštaju u fundamentalna pitanja, već ostaju pretežno u ekonomsko-političkoj sferi, ne mogu dovesti do pravih odgovora i rezultata: "Već početkom ovog stoleća u Drugoj internacionali postojale su dve suprotne interpretacije socijalizma, što je ostalo do danas: jedna, koja smatra da se socijalizam postupno razvija u krilu starog društva reformama, druga, koja smatra da se samo revolucijom može stvoriti socijalističko društvo. Marksistička doktrina u tome nije jednoznačna i zato su se i jedni i drugi pozvali na Marksa. Najpoznatiji u prvoj grupi bio je Kaucki , a u drugoj Lenjin. Sukob je bio bespoštedan i grub. Kaucki je za Lenjina 'parlamentarni idiot', a prema Kauckom boljševizam (tj. Lenjinova struja - prim. S.R.)je stvorio 'tatarski socijalizam'."

Strašimir Popović, *Ogled o privrednom sistemu Jugoslavije*, NIO Poslovna politika, 1983, str. 15.

Iz jednog drugog teksta (Joan Robinson i John Eatwel, *Uvod u suvremenu ekonomiku,* Centar za kulturnu djelatnost, Zagreb, 1981, st. 207-8.) mogao se steći utisak o stanovištu da Marks, zapravo, ne snosi nikakvu odgovornost za sprovedeni neracionalni revolucionarni prevrat jer je on, navodno, iako je sa velikom moralnom indignacijom govorio o kapitalizmu i eksploataciji, smatrao da takvo stanje stvari treba da potraje sve dok kapitalistički sistem ne postane zasićen akumulacijom, sve dok prisvajanje viška vrednosti, tj. glad za profitom ne postane bespredmetna i sama se po sebi ugasi. Toj tezi bi se u prilog moglo navesti i to što je Marks tvrdio da razvoj proizvodnih snaga dovodi do promena proizvodnih odnosa. Dalje, mogla bi se činjenica da se Marks i Engels nisu bavili funkcionisanjem budućeg socijalizma protumačiti tako da oni nisu ni računali da do revolucionarnog prevrata treba da dođe u dogledno vreme.

Međutim, mnogo je više činjenica koje govore da Marks i Engels nisu bili samo bezazleni kritičari kapitalizma, ili uporni i energični borci za poboljšanje položaja proleterijata u okviru kapitalizma - što inače nije sporno - nego da su išli mnogo dalje od toga. Snažno su ideološki uticali, indoktrinirali i inspirisali buduće izvođače revolucionarnog preokreta. A i otvoreno su se zalagali - na primer, u Komunističkom manifestu - i učestvovali u aktivnostima koje su "mirisale" na pokušaj izvođenja revolucionarnog prevrata. Zar nisu tvrdili da mirni prelazak iz kapitalizma u socijalizam, nije moguć, već da je neizbežno da se on izvede revolucionarnim putem?

Interesantno je i mišljenje Branka Horvata koji s pravom ukazuje na još jedan momenat koji nimalo ne lišava odgovornosti "klasike naučnog socijalizma", bez obzira na lakonsko ponašanje samih aktera revolucionarnog preokreta. Reč je, naime, o snažnom uticaju koji je imala postavka Marksovog "rigidnog historijskog determinizma". *"Pretpostavka linearnosti i rigidnog determinizma imala je kobnih posljedica. Ako je zaista historijski nužno da iza kapitalizma dolazi socijalizam, onda sve što treba uraditi jeste srušiti kapitalizam; oni koji prežive znat će već što treba uraditi, 'neće biti ništa manje pametni od nas' rekao je Engels. I tako su se marksisti orijentisali na rušenje, ne brinući se nimalo šta će raditi poslije uspješne revolucije. Kako nikakav seriozan program socijalističke izgradnje nije sačinjen (a nama se čini da bi bilo bolje da se kaže da nije bilo izvršeno nikakvo sagledavanje da li socijalizam kao sistem može da funkcioniše, i kako - prim. S. R.), u toku i nakon revolucije pojavljivali su se 'ratni komunizmi', 'sovjetska vlast plus elektrifikacija', 'administrativni socijalizmi', moralistička fantaziranja, prisilne kolektivizacije, kulturna revolucija, Paul Potove fantazmagorije i sl. I sve su to bili socijalizmi, jer poslije kapitalizma ništa drugo ne može nastati nego socijalizam. A kad su iz takvih socijalizama ljudi iz svih društvenih slojeva počeli bježati preko granice u kapitalističke zemlje, nije izveden zaključak da s 'historijski determiniranim' socijalizmom nešto nije u redu, već naprotiv, zaključak da s ljudima nešto nije u redu, pa je podignut berlinski zid, a bodljikava žica stavljena na granice".*

Branko Horvat, časopis Naše teme, Zagreb, broj 11/83, str. 1773.

Iz ovog navoda ne bi trebalo izvesti zaključak o generalno negativnom stavu Branka Horvata prema ideji socijalizma, jer to iz njegovih radova, a pogotovo iz njegove knjige *Politička ekonomija socijalizma*, nikako ne proističe. Ovde je prisutna sumnja prvenstveno u ispravnost "linearnosti i rigidnog determinizma" i prigovor na lakonsko rezonovanje da će oni koji izvedu revoluciju već znati šta treba da rade, što sve ide na račun "klasika marksizma". Ali, u ovom navodu očigledan je i prigovor na račun samih protagonista socijalističkih revolucija koji nisu znali šta treba da rade ne samo u vreme kad su se odlučivali za izvođenje revolucije, nego ni posle toga, kad je sistem socijalizma trebalo da funkcioniše kad je socijalizam trebalo da se izgrađuje.

Dodajmo ovde i jedan stav Ljubomira Madžara, pa ćemo lakše formulisati značajno pitanje na koje treba dati odgovor. Naime, Madžar kaže: *"Dobro je poznato da socijalizam nije nastao po Marxovom scenariju. Nije se pojavio tamo gde je prethodni organski i evolutivni razvitak pripremio uslove za njegov nastanak, nego tamo gde su karike svetskog kapitalističkog stroja bile najslabije. Došao je, takoreći, na pogrešno mesto i u pogrešno vreme".*

Ljubomir Madžar, Suton socijalističkih privreda, Ekonomika i Institut ekonomskih nauka, Beograd, 1990, str. 42.

Iz prethodno citiranog stava Branka Horvata i iz ovog stava Ljubomira Madžara - mada smo uvereni, da iz celine Madžarovih teorijskih stavova i opredeljenja to ne proističe - **mogao bi se izvesti zaključak da je sa samim idejnim projektom socijalizma sve u redu, a da je neuspeh nastao zbog toga što su greške napravljene u izvedbenoj fazi - u pogledu mesta, vremena, načina kako se pokušalo taj projekat operacionalizovati.**

Ovakav zaključak - da je socijalizam kao idejni projekat opravdan, racionalan, izvodljiv, samo što su učinjene greške u njegovoj operacionalizaciji, greške koje se, logički bi proisticalo, u sledećem pokušaju ne smeju ponoviti - ima isuviše veliku specifičnu težinu i da bismo ovde jednostavno stavili tačku, tj. da ne bismo krirički razmorili pomisao o amnestiranju "klasika marksizma" od velike, mada indirektne odgovornosti, za boljševičko zastranjivanje od racionalne tržišne solucije o kojemu ovde govorimo.

Mada je tačno da se klasici marksizma nisu eksplicitno bavili razradom ideje socijalizma, uopšte nije teško, iz njihove kritike kapitalizma, izvesti zaključak o osnovnim rešenjima na kojima bi trebalo da se zasniva socijalizam.

(1) Budući da su, **prema Marksu, "sva zla" kapitalizma** - prisvajanje viška rada radnika od strane kapitalista u čijoj privatnoj svojini su sredstva za proizvodnju, a to znači i eksploatacija, zatim nejednak položaj u društvu sa svim implikacijama koje to ima - **proisticala iz dominacije privatnog vlasništva,**

više je nego jasno da uspostavljanje socijalizma imperativno zahteva njegovo ukidanje; ili, da ne budemo isključivi, njegovo svođenje na marginalnu meru.

(2) Kapitalistički aranžman raspodele - po kome radniku pripada samo deo novostvorene vrednosti u visini vrednosti radne snage, a vlasniku sredstava za proizvodnju pripada proizvod, a time i višak vrednosti - bio bi zamenjen raspodelom prema radu. Zbog toga i jeste nužno ukidanje privatne svojine kao osnove prisvajanja.

(3) Privatna svojina bila bi ukinuta i zbog toga da bi se ukinulo upravljanje po osnovu svojine, jer se i to smatralo jednim elementom koji radnika stavlja u najamni odnos. Upravljanje procesom rada i proizvodnje moralo bi da se ostvaruje, i ostvarivalo se, po nekom drugom osnovu.

(4) Ako se ukine privatna svojina, dakle, ako se ukine osnova po kojoj se u tržišnom sistemu vrši upravljanje i prisvajanje, ili preciznije rečeno iz koje proističe i motivacija i za ostvarivanje profita i konkurentska borba za opstanak, onda je jasno da se ukida i tržišni sistem (ili, drugačije rečeno, robna proizvodnja).

I nikakvo daljnje nabrajanje nije potrebno jer je ovim sve rečeno: ako se ukinu pretpostavke, osnove tržišnog sistema - dominacija privatne svojine, prisvajanje i upravljanje po osnovu svojine ... - onda je jasno da se ukida i sam tržišni sistem. Sve "promene" u smislu Nove ekonomske politike, a pogotovo one koje su i po intencijama bile znatno skromnijeg dometa, sve reforme koje su se uzaludno pokušavale sprovesti uz očuvanje pomenutih premisa, objektivno su bile osuđene na neuspeh; a sve rasprave o tome kako "zakon vrednosti objektivno deluje i bez naše volje", kako "deluje nama iza leđa pa je bolje da se prizna i omogući njegovo nesmetano ispoljavanje", kako "je robna proizvodnja neizbežna i u socijalizmu" i slično - ali sve to bez institucionalizivanja ekonomskog ambijenta u kojemu neizostavnu komponentu čini privatn svojina, bez upravljanja i prisvajanja po osnovu svojine, **bez ne samo motivacije za sve većim i većim bogaćenjem, bez "gladi za profitom" per se, već osnovom snažne ekonomske prinude na konkurentsku borbu za opstanak... - bila je samo puka skolastika.**

U tom smislu govori i neuspeh modela jugoslovenskog samoupravnog, društveno-svojinskog socijalizma, fingirano tržišnog, kojega je prof. Zoran Pjanić ispravno okarakterisao kao pokušaj uspostavljanja "tržišne ekonomije bez prunude" koji ćemo razmatrati u narednom članku. Ne toliko da bismo argumentovali odgovornost "klasika marksizma" za zastranjivanje od racionalne tržišne solucije, koliko zbog recidiva - nepostojanja dovoljne "gladi za profitom" i zdravih konkurentskih odnosa, snažne konkurentske borbe za opstankom - koji i dan-danas leže u osnovi netržišnosti u ekonomiji Srbije. I zbog toga previše slabe sposbnosti za oporavak, a da i ne govorimo o razvojnoj (ne)sposobnosti.